JN017797

アトリエから子どもが見える

レッジョ・エミリアの乳幼児教育

津田純佳 著

（アトリエリスタ）

小学館

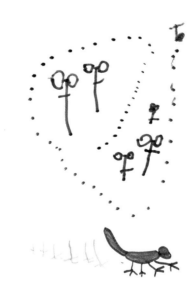

はじめに

　私はアトリエリスタとして、子どもたちをはじめ、あらゆる人の学びの環境をより良くすることに取り組んでいます。イタリア語には「より良くする・より良くなる＝migliorare（ミリオラーレ）」という動詞があります。子どもたちの学びの環境や社会環境がより良くなることを願い、「みりおらーれ」という名前で主に日本で活動しています。

　子どもたちが思う存分自分の能力を発揮し、友達とアイディアを交換しながらさまざまな表現や知織を生み出すことができるように、幼稚園や保育所、こども園などの学びの環境を美しく整えたり、子どもたちや先生方とアトリエ活動を行ったりしています。

　私は、0歳から6歳の子どもたちの先進的な教育を学ぶためにイタリアのレッジョ・エミリア市に約4年間、滞在しました。私をアトリエリスタとして育ててくれたのは「レッジョ・チルドレン」です。レッジョ・チルドレンは子どもたちの権利と可能性を守り、レッジョ・エミリア・アプローチを世界中に普及促進するために、1994年に設立された有限会社で、レッジョ・エミリア市乳幼児教育機関と連携しながら、研修や研究、展覧会、書籍の出版などを行っています。

　最初はローリス・マラグッツィ国際センターでボランティアを行い、次にセンターや幼稚園、保育所でアトリエリスタの研修、研修後は国際センターのスタッフの一員としてアトリエリスタの仕事をしました。

　毎日、世界中からレッジョ・エミリアの教育を学びに、ここに多くの

人がやってきます。レッジョ・チルドレンにはイタリア人スタッフしか
いませんでした。そのため、レッジョ・エミリアの乳幼児教育を学びに
来る人に向けて、日本人の私もアトリエを行う必要がありました。最初
は緊張しましたが、アトリエの終わりの時間が近づいてくると、文化の
違いが豊かさにつながることを実感し、海外からやってきた研究者や保
育者の方々にシンパシーを感じることが多くありました。

　子どもたちの思考や仮説、言葉にならない言葉、詩のような表現、そ
して美しさに触れながら子どもたちと同じ目線で物事に向き合うことは、
視点を変えて、再び世界を知ることでもあります。こんなにおもしろい
仕事が存在するのだと、アトリエリスタという仕事に出会えたことに幸
運を感じます。

　この本は、子どもたちの可能性に目も耳も心も、もっと開きたいと思
うすべての方に手に取っていただきたく筆をとりました。
　日本で「アトリエ」がある園は少ないかもしれません。つくりたくて
もつくれない事情がさまざまあることと思います。でも、視点を変えて
みてください。「アトリエ」は場所であり、概念でもあり、活動そのも
のも指す言葉です。アトリエがなくても、アトリエ的な考え方で子ども
たちと活動したり、クラスの中にアトリエ的なスペースをつくってみた
りすることもできます。
　どのように、このアトリエの魅力を皆さんに伝えようかと考えたとき、
レッジョでの経験がヒントになりました。レッジョ・エミリアではドキュ
メンテーションを大切にしています。子どもたちの眼差しや発見の驚き、
思考の変化を丁寧に記録し、共有することで、子どもたちを理解し、成

4

長や学びを支えていきます。活動の成り立ちや流れも大切ですが、子ども
たちの繊細な表現や心の機微など、「子どもたちの声を聞くこと」に
注目してほしいと思っています。

　そのためにこの本では文章や写真の他に、映像でも子どもたちの姿を
紹介しています。撮影と編集は、映像作家であり夫でもあるルディにお
願いしました。以前より「みりおらーれ」の映像クリエイターとして、
アトリエのプロセスを撮影し、映像作品を制作しています。

　彼はレッジョ・エミリア市に生まれ、幼いころから遊びの一環で動画
を撮り始め、自ら編集していました。生まれつき耳が聞こえません。音
のない世界に生きる彼だからこそ、子どもたちの繊細な声、言葉になら
ない言葉を聞く能力に秀でていると私は感じています。

　ですからこの映像に音声は収録していません。テスト映像を見た本書
スタッフたちからは、「スローモーションで動く子どもの様子が、まる
で無言劇のように神々しく、そこに彼らの『声』がたくさん聞こえる」
と感想をいただきました。ある意味、この本はこの映像を理解するため
の解説書でもあります。

　アトリエをつくることは、今の子どもたちを知り、未来の子どもたち
の豊かな可能性を願うことです。アトリエをすることは、今の子どもた
ちの声を聞き、子どもたちの学びを過去から現在、未来へとつなぐこと
です。

　この本が、一人でも多くの子どもが自分らしく生きられるように、子
どもたちの学びの環境をより良くする一助となれば幸いです。

2024年　1月吉日　著者

目次

※「映像あり」の項には、動画視聴用の二次元コードがあります。スマートフォン等で読み取ってご覧ください。

1

レッジョ・エミリアの乳幼児教育と「アトリエ」

レッジョ・エミリアの乳幼児教育を知りたくて、
日本での仕事をやめ、単身現地に向かいました。
レッジョ市民が子どもの教育に熱心なのは、
その街が背負う歴史があるからでした。
現地に約4年間滞在し、
アトリエリスタとなり、子どもたちの教育に携わります。

1/01 レッジョ・エミリアに行く

アトリエリスタを学びに

2016年7月、北イタリアのレッジョ・エミリア市に到着したのは、夏真っ盛りの暑い日でした。それでも私はこれからこの街で過ごす期待と希望で軽やかな気分でした。

私がレッジョの街に住みたいと思い立ったのは、幼児教育を学ぶためです。

レッジョ・エミリアの幼児教育は文化、歴史、街づくりと相互に密接に関係しているので、実際にレッジョ・エミリアの市民や文化と関わりながら、時間をかけて学びたいと思いました。

特に私がこれから学ぶのは「アトリエリスタ」についてです。アトリエリスタとはレッジョ・エミリア市立の幼児学校や保育所で、子どもたちの表現や言葉によって、子どもたちの学びを支える役割の先生のことです。市立の幼児学校に必ず一人います。

その存在はとても魅力的です。幼児学校や保育所にはさまざまな素材や道具が美しく備わっている部屋「アトリエ」があります。そしてそこにいる「アトリエリスタ」は、子どもたちとプロジェクトを行います……想像するだけでワクワクしてしまいます。

レッジョ・エミリア市の旧市街地。子どもたちがリサイクルの布でつくったアルファベットが通りを彩る。

　幼児学校に行ってみると、アトリエリスタは子どもたちに
とっても、そこで働く先生方にとっても、そして、子どもた
ちの家族にとっても、大切な存在であることがすぐにわかり
ました。たとえば、毎日、アトリエの扉の前に立って入りた
そうにしている子どもたちがいます。今日は自分がアトリエ
に行けるかどうか少しソワソワ、ドキドキしています。お昼
休憩中には先生がアトリエリスタにプロジェクトの助言を求
めます。またお迎えの時間には家族とアトリエリスタが子ど
もたちの今日の出来事について立ち話をします。誰もがアト
リエリスタの視点や考えをうれしそうに聞いていました。

ローリス・マラグッツィ国際センター（レッジョ・チルドレン）
の光線のアトリエ。光と素材の関係を探る立体構成の実験。

アトリエリスタは先生や家族とは少し違う視点で子どもたちと関わります。そのため、新たな発見や多様な解釈を可能にします。その解釈が多様であればあるほど子どもの見方が豊かになり、一人の子どもの思考や表現、アイデンティティが浮かび上がってきます。

アトリエのおもしろさを日本に

私はレッジョ・エミリアでアトリエリスタの実践的研修を受けるというありがたい機会を得ることができました。私にとって、レッジョ・エミリアで過ごした時間は、2回目の子ども時代のようです。好奇心を働かせ、はじめての出会いを喜び、毎日、頭と体をヘトヘトになるまで使う……子どもに戻ることができた大切な時間です。多くのアトリエリスタやペダゴジスタ＊、幼児学校や保育所の先生や調理師、国際センターのスタッフなど、さまざまな人が私にあらゆる学びの機会を与えてくれました。私を育てようと、さまざまな企画やプロジェクトに参加させてくれたばかりではなく、どこに行っても興味をもって接してくれ、いつも温かくサポートしてくれました。

この宝物の経験を次は私が日本の子どもたちや教育に携わる方々につなぎたいと思います。本書を通して、皆さんに少しでも多く、レッジョ・エミリアの魅力とアトリエのおもしろさを伝えられるとうれしいです。

＊ペダゴジスタ（pedagogista）とは、教育的視点から園の運営やプロジェクトに関わる専門家
（教育学に加え、哲学または心理学を修了）。一人で3〜4の幼児学校や保育所を担当する。

「レッジョ・エミリア・アプローチ」とは

　レッジョ・エミリアの乳幼児教育とは、イタリアの北部に位置するレッジョ・エミリア市の０歳（３か月）から６歳までの子どもたちへの教育のことです。

　すべての公立幼児学校と保育所では「レッジョ・エミリア・アプローチ」が実践されています。これは教育プログラムやカリキュラムではありません。子どもたちをどのような存在として捉え、どのように向き合うかといった「子どもたちを見る視点」として説明されています。子どもたちは新しい世界を発見する能力をもち、可能性に満ちた存在です。レッジョ・エミリアでは子どもたちは「研究者」であるといいます。日々、新しい世界と出会い、はじめて見るもの、知ることを研究する能力をすでにもっています。能力をもった一人の人間として子どもたちと関わることがレッジョ・エミリアの乳幼児教育のベースにあります。

　レッジョ・エミリア・アプローチは教育の方法論ではないため、一見、捉えどころがないように感じます。私が現地で強く感じたのは、レッジョ・エミリアの乳幼児教育は哲学であり考え方であり、子どもたちと向き合うための自分の指針となるものだということです。決まった教材や活動はないため、常に自分の頭と体をフル回転させなければなりませんが、子どもたちと一緒に体や五感を使うと、レッジョ・エミリア・

14
　レッジョ・エミリア市旧市街地の中心を横切る Via Emilia（エミリア通り）
　紀元前のローマ時代につくられた大通りで、いつも大勢の人で賑わう。

アプローチが腑に落ちます。なぜなら、子どもたちはさまざまな能力をいつも発揮しているからです。

　思考力、想像力、感受性、創造力、そして、対話する力も。子どもたちはたくさんの才能をもっていますが、それは何かによって引き出されないと目に見えないままです。子どもとどのように向き合いながら新しい知識を構築していくのか、そして、子どもと同じくらいの好奇心をもって研究できるか……大人の関わりや子どもたちの過ごす環境がどれほど大切なのか、レッジョ・エミリアで学ぶことができました。

1/03 レッジョ・エミリア市の 乳幼児教育機関

レジスタンス運動から始まった「学校づくり」

　まず、レッジョ・エミリア市の乳幼児教育の歴史に触れたいと思います。

レッジョ・エミリア市の乳幼児教育機関（L'istituzione Scuole e Nidi d'infanzia）は、3か月から3歳までの乳幼児が通うことができる乳児保育所と、3歳から6歳までの幼児が通うことができる幼児学校を「一括で」管轄しています。

　一般的にイタリアでは、3か月から3歳児はイタリア政府保健省の管轄で、県・市が乳児保育所の実際の運営を行い、3歳から6歳児は教育省の管轄であり、3歳以降の教育を義務教育前の就学期間として、政府による指針やカリキュラム等を定めています＊。0歳（3か月）から6歳までを一括で管理するレッジョ・エミリア市の乳幼児教育政策はヨーロッパ全体を見ても、教育の質を上げる先駆的な取り組みでした。

　特に、現在のレッジョ・エミリアの乳幼児教育の大きな転換期となったのは第2次世界大戦です。ファシストとナチスの侵略を受けたレッジョ・エミリアは、一部の市民たち、パルティジャーノが抵抗運動（レジスタンス運動）をして勝利します。レッジョ・エミリアやボローニャが位置するエミリア・ロマーニャ州は共同体意識を強くもつ市民が多い地域で

＊ 2017年の法改正により、イタリア全土の乳児保育所・幼児学校が教育省の
　 管轄となった。

す。レッジョ市民はナチスが去った後に残した戦車等を資金に換え、煉瓦を焼いて壁を立て、自分たちの学校をつくりました。特に、多くの女性たちが、自分たちの子どもには戦争とは違う道を与え、子どもたちが希望と自由を自ら摑み取れるようにと、それまでの伝統的な教育ではない学校をつくりたいと願いました。

教育学者ローリス・マラグッツィとの出会い

市民の手によってつくられた学校を知識を創造する場とするために尽力したのは教育学者・心理学者のローリス・マラグッツィです。彼の先進的な教育思想と実践によって、今日のレッジョ・エミリアの乳幼児教育の根幹が築かれました。彼亡き後も、彼の実践と都度語られた言葉は現場で生きています。

マラグッツィと市、先生方、多くの関係者は世界中のさまざまな教育学者たちと議論を重ね、実際に各地の学校に赴き、新しい学校が国際的で学際的な学びの環境となるように研修やシンポジウムを重ねました。「学校はどんな場所か」について問い直しを行い、学校は新たな文化や思想を生み出す場

である必要性を説きました。

そのころのイタリアの伝統的な学校は、言葉による教えが中心で、すでに定まった知識を与え、受け取るという一方的な教育法でした。レッジョ・エミリアの乳幼児教育は、知識を与えるという一方的な関係によるものではなく、知識を生み出すこと、考えること、他者との関係性のなかで新たな発見を望み、願い、喜びを分かち合うことのできる「対話」を重視します。人間の思考や社会、政治への考え方を変えることができるという人間形成への持続的な社会運動ともいえます。

戦後、市民の協同組合によって学校が設立された後、1963年に、はじめてレッジョ・エミリア市立ロビンソン・クルーソー幼児学校が開設され、他の学校の市営化も進んでいきました。1970年以降、市は保育所の開設も始めました。現在、レッジョ・エミリア市には保育所・学校が86施設あり、その内47施設が公立（市直営は33施設、協同組合による運営は14施設）です。

レッジョ・エミリア・アプローチの指針がまとめられる

その後、世界的にレッジョ・エミリア市の乳幼児教育が注目されるきっかけとなったのが、『NewsWeek』誌（1991年）にレッジョ・エミリア市のディアナ幼児学校が「世界で最も

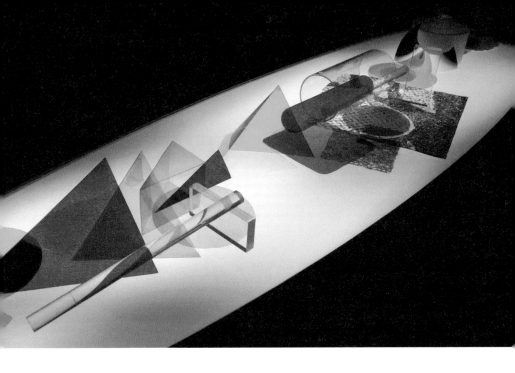

先進的な取り組み」として紹介されたことです。現在は140
か国とつながり、35か国とネットワークを組み、国際的な
教育研究・研修機会を提供しています。

　2009年3月、市は保育所と学校の運営を治める規則と全
体組織を構成する『レッジョ・エミリア市 自治体の幼児学
校と乳児保育所の指針（乳幼児教育の指針）』を定めました。
長年実践してきたレッジョ・エミリア・アプローチのアイデ
ンティティ、教育プロジェクト、アトリエ等を政策のなかに
具体的に位置づけ、将来へ向けた持続的な運営のための礎と
するためです。その内容は原理原則を規定するものではなく、
これまで辿ってきた実践の証と、レッジョ・エミリア・アプ
ローチの理念や哲学を次世代へと伝えるために、それらを可
視化したものといえます。

『乳幼児教育の指針』の第1項には以下のように定められています。

　「教育はすべての子どもたちの権利であり、それはコミュニティの責任である。

　教育は個人と集団の成長と解放の機会であり、知識の構築と共生のための資源であり、自由と民主主義、共同が実践され、平和の価値が促進される出会いの場である」 ＊

　子どもは大人がケアするだけの存在ではなく、居心地の良い環境で教育機会の提供を受ける権利があり、それは、共同体全員の責任である。さらに、"0歳から市民である"と、子どもの市民権をレッジョ・エミリア市は謳（うた）っています。

4歳の子どもたちと教育プロジェクトを行い制作したプロジェクト本『La carta dentro / 紙の中』（レッジョ・エミリア市乳幼児教育機関発行〈2019〉）。

＊『Regolamento SCUOLA E NIDI D'INFANZIA del Comune di Reggio Emilia（レッジョ・エミリア市 自治体の幼児学校と乳児保育所の指針）』津田純佳・訳

私が現地へ行くきっかけ

日本の教育や芸術文化の可能性について悩む

　イタリアに行く前の私は日本で芸術文化や地域活性化に関わる仕事をしていました。子どもたちにその魅力を伝えたり、美術館や劇場に足を運んでもらうためのきっかけをつくったりする仕事です。たとえば箏や尺八、三味線の演奏家やクラシック音楽のアーティストと共に小学校や中学校に行き、音楽や楽器の美しさやおもしろさ、豊かさを伝える内容です。

　音楽以外にも、演劇やダンス、美術、伝統芸能など、さまざまな芸術文化事業に携わり、私自身、アーティストの思いや芸術文化の豊かさを感じたり、劇場や美術館の非日常性と日常性を考えたりと刺激的な日々でした。

　しかし、仕事をしていくなかで、自分がこれまで学んできた教育や芸術文化の理想と現実とのギャップを感じるようになってきました。特にそれらの事業の継続や新しい事業に取り組むことへの課題が多いように思いました。教育や芸術文化といった目に見えない価値や可能性は、日本ではあまり大切にされない現状を感じていたからです。今思うと、価値が多様で目に見えないからこそ、可視化する努力が必要であったと思いますが、当時は語る言葉をもっていないためにもどかしさがありました。

美術館で圧倒されたレッジョの展覧会

　そんなモヤモヤを感じていたときに、ある美術館でボランティアを始めました。

　子どもたちと美術館をめぐり、その時々の展覧会の作品を一緒に鑑賞し、子どもたちと対話するというものです。子どもたちは美術館の床にしゃがみ込んで、下から絵を眺めながらたくさんのイメージや物語を語り始めます。子どもたちの率直で想像力溢れた言葉を聞くたびに私はいつもワクワクしました。

　子どもたちと直に関わる時間が自分には必要だと感じていたころ、ワタリウム美術館で「驚くべき学びの世界展」を観ました。イタリアのレッジョ・エミリア市の乳幼児教育に関する大規模な展覧会です。

　子どもたち同士が真剣に考え込んだり、驚いたりする様子の写真や子どもたちのさまざまな言葉が一面に広がる美しい空間に圧倒されました。レッジョ・エミリアの名前はそれ以前にも聞いたことがありましたが、改めてレッジョ・エミリアと出会ったのが教育や文化について悩んでいた時期だったために、より一層、心に染み入ったのだと思います。

　レッジョ・エミリアに行って、実際にどのようなことが行われているのか見てみたいと思ったと同時に、本当にこんな素晴らしい街が存在するのだろうかと思いました。

レッジョ・エミリア市の旧市街地の中心に位置するプランポリーニ広場へと続く通り。

　行く決心をしてからは、ビザの取得や語学学校とのやりとり、そして、日本での仕事の引き継ぎ……さまざまなことに追われました。

　当時は劇場などの芸術文化施設の計画や運営を支援する会社で働いていましたが、社長に仕事をやめることを告げてもなかなか相手にしてもらえませんでした。

　イタリア語ができない私がなんのツテもなく、一人でレッジョ・エミリアに行ったところで何も学べないだろうと、社長でなくても、ほとんどの人はそう思うでしょう。しかし、すでに火がついていた私は、激務の社長と話をするため、彼が出張から戻る駅で待ち伏せをしたり、夜中に会社に行ったりして、無我夢中で自分の思いをぶつけました。そして最後はエールとともに送り出してもらえました。

レッジョ・エミリアで学ぶ

ホストファミリーからイタリア語を学ぶ

　レッジョ・エミリアに到着して、まず言葉の壁を乗り越えなくてはいけないと思い、イタリア人の家庭にホームステイしながら語学学校に通いました。レッジョ・エミリアの乳幼児教育を知るには、彼らの言語を学ぶ以外の選択肢が思いつきませんでした。

レッジョ・エミリアの語学学校に通っていたとき
にホームステイしたジャンネッティ家の皆。

　日常生活で使うイタリア語は３姉妹がいるホストファミ
リーから学びました。ユーモアに溢れ、温かいこの家族のお
かげで、はじめてのイタリア留学を穏やかに楽しく過ごすこ
とができました。３姉妹の長女はボローニャ大学の天文物理
学科を修了し（卒論発表会に行きましたが、まったくわかり
ませんでした）、理系にもかかわらず文系も得意で、私にイ
タリア語の文法やラテン語について詳しく教えてくれました。
次女は高校卒業後に日本に留学して語学を学び、その後イタ
リアに戻ってパルマ大学の獣医学科を卒業しました。その後、
再び来日し、大好きな日本を堪能しています……パワフルで
知的な彼女はいつもポジティブ思考で私を応援してくれまし
た。三女は勉強するよりも絵を描いたり彫刻をつくることが
好きで、美術学校に進んでいます。彼女の部屋は実験室のよ
うで、キャンバスや絵の具、粘土があり、時間さえあればい
つも手を動かしていました。

　この３姉妹と過ごす日常のなかで、イタリアの文化や教育、
生活習慣など、多くのことを学ぶことができました。毎日、

私は学校と家でイタリア語漬けになり、私の脳はかつてない
ほど刺激を受けていたと思います。毎晩、電池が切れたよう
に眠りました。

ローリス・マラグッツィ
国際センターでのボランティア

　イタリア語に少し慣れ始めたころ、「レッジョ・チルドレン」
（ローリス・マラグッツィ国際センター）でボランティアを
始めました。国際センターで行われるイベントの運営を手伝
う仕事です。ここで、少しずつレッジョ・エミリアの乳幼児
教育でよく使われる言葉や言い回しを覚えていきました。脳
を使うよりも、身体を通した学びでした。日本語にない概念
をイタリア語から直接インプットするような、「感覚」と言っ

てしまうとそれまでです
が、語学学校とは真逆の
方法で言葉を学びました。
そうすると、だんだんと
彼らが言っていることが
わかるようになりました。
しかし帰国後、これらの
レッジョの言葉を日本語
に置き換えられない問題
にぶつかりました。

　のちのち知ったことは、レッジョ・エミリアの乳幼児教育で使われるイタリア語はイタリア人にとっても難解であるということです。レッジョ・エミリアのペダゴジスタに慰められたことがあります。「新任の幼児学校の先生は、日々の活動や会議、打ち合わせ、研修で使われる言葉がわからなくて、最初はとても苦労するの。日本人のアヤカが私たちの言葉をすぐに理解できなくて当たり前。焦らないで……」と。

　難しいと言われる理由のひとつに、レッジョ・エミリアの

言葉は詩的でメタファーに富んでいることが挙げられると思います。巧みで美しい言い回しが得意なイタリア人でも苦労するほど、レッジョ・エミリアの教育現場ではユーモア溢れる言葉遊びの感覚と、言語に対しての深い理解が必要になります。

　あるとき、私はニュースで太陽で爆発現象が起きたことを知り、アトリエリスタに伝えました。

「太陽が爆発したの、知ってる？」

　彼女は一呼吸置いて言いました。

「アヤカ、今日は一体どんな良いことがあったの？」

「良いこと？　いや、太陽が爆発したの！　NASA のニュースでさっき見たんだけど……」

「……本当に太陽が爆発したの？」

「そう」

「太陽が爆発するくらいうれしいことがあったんじゃないの？」

「違う違う、本当のこと！レッジョでは、皆、メタファーばっかり使って難しいよ！」

　お互いに顔を見合わせて大爆笑となりましたが、こんなことは一度や二度ではありませんでした。

詩人・児童文学家のジャンニ・ロダーリの物語を元にした即興劇をバスの中で実演。

毎年5月に子どもたちのための朗読劇やコンサートなどがレッジョ・エミリアの街中を舞台に開催される「レッジョナッラ」。その広報の旗。

　レッジョ・エミリアの保育所や幼児学校にあるアトリエには、さまざまな素材や道具が豊富にあり、まるで実験室のような場所です。アトリエという名前から、芸術作品をつくる場所と思われがちですが、何かをつくるということが目的ではなく、さまざまな物や事と出会い、不思議や疑問と向き合ったり、誰かと一緒に発見したり、アイディアを試してみるような実験室の意味合いがとても強いと思います。新しい考えを自ら構築するための研究室といっても良いかもしれません。

　なぜ、レッジョ・エミリア市の保育所と幼児学校にはアトリエがあるのか、市の幼児教育の歴史にもう一度触れたいと思います。1960年代にアトリエのアイディアが生まれ、1963年と1964年に開設されたふたつの幼児学校にはすでにアトリエが存在していました。最初のアトリエは植物の温室のような場所から始まったようです。その後、1965年に、教育と芸術的な感受性で子どもたちの表現言語をサポートする新しい役割の先生「アトリエリスタ」もつくられました。

　ここで注目したいのは、アトリエという名前です。実は、アトリエ（atelier）という単語はイタリア語ではなく、フランス語です。フランスを中心に始まったアトリエ運動に影響を受けて、ローリス・マラグッツィが名付けたと言われています。アーティストがアトリエで新しい画材や表現を試した

　り、アーティスト同士で議論したりおしゃべりしたり、作品の変化を楽しんだり……作品を完成させることや仕事を推敲することが目的ではなく、作品をつくるプロセスを重視する芸術運動のことです。

　戦後、幼児学校と保育所に新しいアイデンティティを与えるために、すべての園にアトリエがつくられました。それは、知識を教え込んだり、技術スキルの習得を目的にしたりする、言葉が中心の一方的な教育ではなく、言葉の本質や論理を見つめ、コミュニケーション、身体などによる表現を豊かにするためです。芸術はものの見方であり、考え方として捉え、「プロセス」をもたらす場所として幼児学校内にアトリエがつくられました。想像力と創造力を存分に発揮しながら、実践的に知識を構築する環境がすべての学校に用意されました。

旧小学校を利活用したRemida（レミダ）の素材。地域の廃材を教育に活用するクリエイティブ・リサイクル・センター。詳しくは119ページ。

33

アトリエリスタとしての経験

レッジョ・エミリアの街に溶け込む

　レッジョ・チルドレンのアトリエリスタ研修は非常に実践的でした。国際センターで行われるアトリエ、幼児学校や保育所で行われるプロジェクト、レッジョ・エミリア市が開催するさまざまなイベントに関わりながら、アトリエリスタの仕事を身をもって学ぶ日々でした。たとえば、午前は幼児学校でプロジェクト、午後に国際センターでアトリエ、夜は幼児学校で保護者との会議に参加、またある日は、午前は街中でイベント（子どもの権利の日やローリス・マラグッツィの生誕記念など）の準備、午後に国際センターでアトリエの準備、合間にRemida（レミダ）で新しい素材の物色などです。毎日さまざまな場所をぐるぐると自転車でめぐり、レッジョ・エミリアの街に溶け込みながら、自分も幼児教育の担い手の一人になったような気持ちにさえなりました。

レッジョ・エミリアの乳幼児教育に貢献したローリス・マラグッツィ氏の生誕100年記念祭。ヴァッリ劇場前の広場で開催されたイベントに集まる子どもたちや保護者、市民たち。

ローリス・マラグッツィ国際センター（レッジョ・チルドレン）で企画実施したアトリエ「Tra le pieghe delle carta（紙の折り目の中へ）」。日本文化の折り紙から着想を得て、イタリアの子どもたちと実践した。

マ ラグッツィ国際センターに来るさまざまな人々

　アトリエリスタの研修はローリス・マラグッツィ国際センターから始まりました。センターには広いアトリエがいくつもあります。当時は、グラフィック、紙、粘土、光線、デジタルの風景、植物に関する6つのアトリエがありました。センターには広い展示室もあります。国際センターのアトリエや展示で大切にしているのは、レッジョ・エミリア市の保育所と幼児学校で実践されたアトリエやプロジェクトを、訪れた人が再体験できるようにすることです。

　アトリエや展覧会はすべて、レッジョ・エミリアの子ども

たちと先生、アトリエリスタ、ペダゴジスタによるプロジェクトから生まれました。センターには、イタリア各地から子どもたちや小学生、中学生、高校生、大学生、教育に携わる方が来たり、世界各国から保育や幼児教育の関係者、研究者たちがレッジョ・エミリアの乳幼児教育を学びにやってきます。一般の方がふらっとセンターに立ち寄ることもあります。私はここで、アトリエの企画・準備や実践を行ったり、新たなアトリエや展覧会の企画に参加したり、国際センターや街中で行われるさまざまなイベントに携わりながら、実践的にアトリエやアトリエリスタについて学びました。

日本人のアトリエでの特徴

　海外からのスタディツアーのグループは、世界を俯瞰的に相対的に見せてくれました。同じ環境設定でアトリエを行っても、アラビア諸国の人たちなのか、または、スウェーデン、中国、ブラジル、イギリスのグループなのかによって、素材への向き合い方、感じ取り方、言葉での表現の仕方がまったく異なっていました。もちろん、人によっても違うのですが、明らかに国や地域による特徴を感じました。素材だけではなく、他人との関わり方、コラボレーションの仕方も国によって違いがあり、改めて、日本人である自分を強く意識せざるを得ない日々でした。

　たとえば、他の国の人と日本人とのアトリエでの大きな違

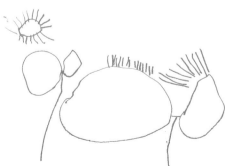

いは、はじめて出会う人とのコラボレーションの仕方です。日本グループ内ではどうしても他人との関係性を築きながらアトリエを行うことが少なく、コラボが生まれにくかったこ

とを覚えています。逆に、ブラジルの人ははじめて知り合ったとは思えないほど、アトリエ中に楽しそうに他人との関係性をつくりながらアトリエを行っていました。一緒に口ずさんだり、歌い出すことも少なくありませんでした。子どもたちは、いつも誰かとの関係性をつくりた

くてうずうずしています。一緒に遊んだり、一緒に歌ったり、一緒に食べたり……日本の子どもたちも保育所や幼稚園ではたくさんの人と関わり合いながら成長していきます。しかし、大人になるにつれ、「個」や「孤」でいる習慣が強いられることで、関係性を結ばないことが当たり前になっているように思いました。

　逆に、日本人のアトリエでの特徴として、素材や道具を丁寧に優しく扱い、繊細な表現を通して内面（精神性）を伝えようとする方が多いようにも思いました。子どもたちが言葉ではない表現で見せてくれるときの、詩的な表現や哲学と同様です。私たちの日常生活や文化がものの考え方や表現にダイレクトに影響していることを体験的に学びました。

アトリエ「Tra le pieghe delle carta（紙の折り目の中へ）」の環境設定。イタリアではなかなか手に入らない折り紙は日本から持参した。

　レッジョ・エミリアの皆は私の存在をとてもおもしろがってくれました。日本に生まれ、日本の生活、日本の教育のなかで育った私は、ものの考え方や見方がイタリア人とまるで違っています。その「違い」を豊かさとして受け入れてくれました。多様であればあるほど豊かであるという考えは、まさに、レッジョ・エミリアの教育とつながる部分であると思います。たくさんの新しい企画も生まれました。また、和紙や粘土などの素材、水墨画や折り紙、着物などの日本文化など、日本の美しさに触れてもらう機会をつくることもできました。

レッジョ・エミリア・アプローチを体験

　センターの研修以外に、保育所や幼児学校ではそれぞれアトリエリスタに付きながら、子どもたちとのアトリエやアトリエリスタの思考、プロジェクト、ドキュメンテーション、

園の運営や組織化など……書き尽くせないほど多くのことを目で耳で、体で学びました。子どもたちとは言葉でのやりとりだけではなく、素材や道具を通した身体的なコミュニケーションや表情や体の動きから、子どもたちの驚きや発見、うれしさ、興味を感じ取る毎日でした。

　レッジョ・エミリアの教育の素晴らしさは、現場の先生方やセンターのスタッフがレッジョ・エミリア・アプローチを体現していることであると思います。レッジョ・エミリアの成り立ちや過去の歴史、ローリス・マラグッツィの貢献が現代につながっているところにすごさがあると思います。今、保育所や幼児学校で働いている先生方はローリス・マラグッツィと一緒に働いていたわけではありません。しかし、子どもたちとの向き合い方や環境を整えること、家族や地域との関係性づくり、ドキュメンテーションによって子どもの知を視覚化し伝え続けることに時間を惜しみません。そして、それらを自ら楽しんで行っています。アトリエリスタについて学びたいとイタリアに行った私は、アトリエリスタの役割だけでなく、人と関係性をつくること、自分との向き合い方、違いを豊かさとして捉えること、そして、毎日を楽しむことを学んだような気がします。

ローリス・マラグッツィ国際センター（レッジョ・チルドレン）でアトリエリスタの研修を行い、日本からの研修グループにアトリエを案内しているところ。

帰国　そしてアトリエをつくる

　2019年、私は日本に一度帰国し、日本の保育園や幼稚園で子どもたちと活動をするようになりました。そこで感じるのは、日本とレッジョ・エミリアの乳幼児教育の違いでした。

　子どもたちの能力や好奇心、探究心は、レッジョの子どもたちと違いがないと思うのですが、さまざまな園で活動して

思うのは、子ども同士での対話の仕方や人や対象への深い向き合い方が、レッジョの子どもたちは際立っていたということです。

　他者との関わりのなかで、問いや答えを探し、さらなる問いを生み出すことに喜びを感じたり、関係性のなかで学び合ったりすることを積み重ねているからこそ、レッジョの子どもたちは自分の言葉（考えや疑問、発見）に価値があることを知っています。

　じっくりと日本の子どもたちと向き合って、アトリエを中心とした活動をしたいと思っていたころ、兵庫県の「幼保連携型認定こども園 多夢の森」に出会いました。もともと倉庫として使っていたスペースをアトリエにして子どもたちと活動していたようですが、どのように活動を継続したら良いか、また、子どもたちはアトリエとして認識しているのだろうかと、さまざまな悩みをもっていたようです。

　そこで、思い切って一からアトリエをつくるところから始め、子どもたちと先生方とアトリエを実際に行ってみることを提案しました。アトリエリスタとして、日本の子どもたちとどのようなことができるのか試してみたいという好奇心と自分が予測する以上の何かに出会えるかもしれないというワクワク感を覚えました。私の提案を受け入れてくださった多夢の森の皆さんには感謝しかありません。

$\dfrac{1}{09}$ アトリエを記録する

ドキュメンテーションの意味

　レッジョ・エミリアでは、子どもたちの考えや知識の構築過程を目に見えるようにすることがいかに大切かを学びました。子どもたちは誰もがたくさんの能力、それぞれの物語をもち、想像力、メタファーの考えを内に秘めています。目には見えないそれらを可視化するために、写真や動画、文字やイラストによる記録を取ります。レッジョ・エミリアでは、ドキュメンテーションと呼んでいます。私はレッジョで、ドキュメンテーションを取らないときはありませんでした。アトリエをするときは国際センターであれ、保育所、幼児学校であれ、必ずメモを片手にカメラを携えて記録をしながら子どもたちに問いかけたり、素材を提案したりします。

　本書のアトリエも、私はメモとカメラを持って活動しました。さらに、「アトリエをつくること」と「アトリエをすること」は映像に収めたいと考えました。アトリエづくりの考え方を伝えたいと思ったからです。アトリエにはひとつのモデルがあるわけではあ

@ D.dialogue

りません。園の数だけ、さまざまなアトリエがあります。子どもたちの興味関心によっても異なり、どのようなアトリエをするかによっても異なります。アトリエについての考え方を伝えるには、動きや変化を捉えることができる動画が最適だと思いました。体の動き、心の動き、アトリエの環境変化、子どもたちの好奇心の変化など、さまざまな変化を同時に記録できるからです。

目で聞く映像

　また、子どもたちの思考を目に見えるようにするためには、子どもたちの繊細さに注意深くいることが大事です。目に見えない考えや気持ち、耳に聞こえない言葉を受け止められる人に動画の撮影と編集をお願いしたいと考えました。

　実は、ぴったりな人が私の隣にいました。私の夫です。映像クリエイターで、生まれながらに耳が聞こえません。イタリア人でレッジョ・エミリア市に生まれ、幼いころはレッジョ・エミリアの保育所と幼児学校で学んでいたという、特別な経験をしていました。レッジョ・エミリアの乳幼児教育や大切にしている理念についても、もちろんよく知っています。

　私たちは、普段はイタリア語（読唇術）とイタリア手話で会話をしています。ときどき、日本語も使います。夫と出会ったのは、レッジョで演劇を観に行ったときに、舞台上の女優さんの隣で手話通訳をしていた人の手の動きがとても美しく、

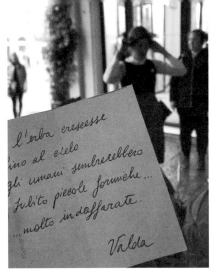

レッジョナッラのイベントで、道端で
「願い事」のパフォーマンスを行う俳
優からのメッセージ。

同じくレッジョナッラで、サン・
ピエトロ修道院（現在は文化施
設）で行われた参加型即興劇。

　イタリア手話を習いたいと思ったことがきっかけでした。

　耳の聞こえない彼とコミュニケーションを取るのは難しい
と思われることもありますが、実は逆で、私の些細（ささい）な変化や
表情から心の動きや本当に伝えたいことをすぐに察知してく
れます。耳が聞こえる人にいくら説明しても伝わらないこと
がある一方で、耳が聞こえなくても、言葉数が少なくても、
言葉以上に伝わるというのは逆説的です。

　子どもたちとのアトリエの撮影では、彼のこのような能力
が遺憾なく発揮されています。言葉ではなく、身体や表情、
気持ち、五感、関係性によって、子どもたちはあらゆる発見
や疑問、興味関心を伝えてくれます。子どもたちの学びのプ
ロセスを目で聞くように映像に収めてくれました。

2

アトリエをつくる前に

日本の地でアトリエ活動を始めるにあたり、
レッジョで学んだアトリエとは何かについて述べたいと思います。
「冒険」「美しさ」「アイデンティティ」の3つが、
アトリエを構成する大事な要素です。
何かを「つくる」というよりも「する」場です。

2/01 アトリエは「冒険の舞台」である

日本でアトリエをつくる前に、私が大事だと思ったことを書いてみます。

キーワードで言うと、「**冒険**」と「**美しさ**」と「**アイデンティティ**」です。

まずアトリエは子どもたちの好奇心や探究心が溢れた場所であるということです。

アトリエは何かをつくることを目的とする場所ではなく、さまざまな素材や道具を通して自分の気持ちや考えに向き合ったり、新しい発見を友達と驚いたり喜んだり、不思議な出来事や上手くいかないことをどのように乗り越えようかと試行錯誤する場所です。

保育園や幼稚園、または家で、絵を描くのが好きではなく、何かをつくることに興味をもたない子どもを、どうやっ

てやる気にさせようかと悩まれ
たことは一度はあるのではない
でしょうか。子どもたちは自分
の気持ちに敏感です。周囲の状
況もよく理解しています。子ど
もたちの意欲を掻（か）き立てるのは、
好奇心や探究心です。子どもた
ちが自分自身でやりたい、挑戦したいと思う環境を子どもた
ちに提供できているかどうかを考えることが大切です。

　そんな好奇心に満ちた場所で、子どもたちは自分で見つけ
た疑問や発見、問いとじっくり向き合い、友達と一緒に仮説
や戦略を立てながら、さらなる疑問や発見、問いを見つけて
いきます。それは、まるで冒険のようです。森の中、洞窟の中、
または、土の中（子どもたちは目に見えないところが大好き
です……）を友達と一緒に歩き、懐中電灯を照らして小さな
手がかりを見つけては進んでいくような、子どもたち自身が
主人公となる冒険です。この冒険には、見つけなければいけ
ない宝物は事前に用意されていません。大人があらかじめ宝
物を隠しておく、なんてこともありません。なぜなら、大人
もこの冒険に参加している一人だからです。

　冒険には「回り道」が付き物です。道に迷い、間違えるこ
ともよくあります。この「間違い」が物事の本質を知るため
に絶対に必要な回り道となります。知らないものに出会った

とき、何物なのかを探ったり、どのようなことができるか試したり、できると予想したことができなかったりする、このプロセスこそが学びの価値そのものだと私は思います。偶然の予期せぬ出来事と出会ったときは、創造のタネが飛んできたくらいにうれしいことです。

　大切な学びの機会、つまり、子どもたちの「間違う機会」を大人はついつい奪ってしまいがちです。間違わないで進むことしかできない真っ直ぐの一本道は子どもたちにとってワクワクする冒険にはなりません。

　この冒険プロセスは、子どもたちの知識の構築過程です。子どもたちが新しい世界を発見し、子どもたち自身で知識をつくるための学びのプロセスこそがアトリエの大きな目的です。

　子どもたちは保育園や幼稚園を卒園した後、小学校、中学校、高校、大学、さらに社会へ出ていきます。どんどん新たな世界と出会っていくわけですが、常に保育園や幼稚園の先生が子どもたちの先回りをして、転ばないための知識を与えることはできません。大切なのは、問題や課題にぶつかったとき、自らそれを乗り越えるための知識を自分でつくること

ができると知っていることです。一人ではできなかったとして
も、誰かのアイディアとともに一緒に乗り越えることはで
きるかもしれません。自分が想像する以上の新しい考えに出
会う喜びを感じながら、自分の人生を自分でつくることがで
きる子どもたちになってほしい、この願いを叶える場として
のアトリエの役割は非常に大きいと思います。

アトリエは
「美しい環境」である

　アトリエは冒険の舞台となる場所ですが、それだけではありません。

　たくさんの好奇心を刺激し、さまざまな関係性を示唆するものがアトリエに用意されています。子どもたちがアトリエにいて、思わず手を伸ばして触れてみたくなるような環境とも言い換えることができます。

　アトリエだけではなく、園全体の環境においても同じことが言えます。レッジョ・エミリアでは、「環境は第3の先生」と呼ばれます。これは各クラスに26人の子どもたちが在籍し、二人の担任の先生がいて、3人目の先生は環境であるということです。それほど子どもたちに与える影響が大きい存在です。では、どのような環境が良いのでしょうか。どのような環境であれば、自ら知識を構築する助けになるのでしょうか。それは、「美しい環境」です。

　美しさは好奇心と密接な関係があります。人が何かを知りたい、学びたいと思うその行動過程のなかにすでに美しさが含まれていると、教育学者のローリス・マラグッツィは言いました。

　「私たちが何かを学びたいと心惹

かれる本能のなかには、美しさを感知する機能が働いている
……」

　このことを子どもたちに置き換えてみるとよく理解することができます。子どもは自分の欲求に素直です。お腹が空いたら空腹を伝え、眠りたいときに眠り、遊びたいときに周りを見渡し、そして、知的好奇心が湧いたときにじっくりと対象を見つめて触れてみたり、逆に触れることをためらったりと、思考のスイッチが入るように思います。この知的好奇心は美しさによって強く引き出されていきます。

◎　　　　　　◎

　ではこの美しさとは何でしょうか。整然とした環境や状態を指しているわけではありません。たとえカオスのような状

態でも、そこに関係性や意味、文脈が含まれていたら、美し
い環境になり得ます。

　「関係性」とは、あるものとあるものの関係のこと、たと
えば、鉛筆と紙の関係性を考えてみると、描くものと描かれ
るもの、描くものと支持体、凸と凹、点と線と面など、さま
ざまな関係性を見つけることができます。もし、白い紙であ

れば黒と白の関係性も。黒い紙であれば黒と黒の関係性など……子どもたちはたくさんの関係性を見つけてくれると思います。鉛筆一本だけではこのような関係性は生まれてきません。

　先日、虫が大好きな子どもたちに、どんぐりと虫の関係性を投げかけると、「丸くて小さな穴」「どんぐりに入りたくて虫は穴を開ける」「強い風が吹いてどんぐりに穴が開いたら、そこから虫が入るんだ」と、さまざまな仮説を立ててくれました。なぜ、どんぐりに穴があるのか、「なぜ」の部分に子どもたちの想像力と個性がぎゅっと詰まっています。

　関係性は物事だけではなく、言葉や概念、表現など、あらゆるところに存在します。子どもたちは関係性を見つけ、美しさを感じます。さらに「なぜ」そうなのかについて想像を膨らませます。子どもたち誰もがさまざまな思考や物語をもち、言葉や表現、表情、行動でそれらを語ってくれます。関係性の発見は美しさの発見であり、豊かな知の構築につながっていきます。そうした意味で、レッジョでは子どもたちの知を視覚化した場所としてアトリエを捉えています。それゆえにアトリエは美しく、メタファーとしての子どもの知そのものなのです。

2/03 アトリエには 「アイデンティティ」がある

　もうひとつ、アトリエを考えるときに大切にしたい考えがあります。それは、アイデンティティについてです。イタリアにいたときに、"identità"（イタリア語のアイデンティティ）という言葉をよく耳にし、よく使っていました。日本では日常的に使われる機会が少ないように思います。日本語では、自分らしさや自己同一性、存在意義などの意味でしょうか。イタリアで、「日本人である自分、自分が自分であること」と向き合う場面が多くありました。それは、たくさんのイタリア人からさまざまな問いを受けることによって考えざるを得なかったともいえます。

　レッジョ・エミリアでは、子どもたちのアイデンティティを育てることをとても大切にしています。「自分が自分であること」は、自分一人だけでは育むことができません。他との関係性から自己を見出すことで育まれていきます。アイデンティティは、さまざまなものとの出会いや、他者との対話を繰り返しながら、時間をかけて育てていくものです。

　幼児学校や保育所もアイデンティティをもっています。どのような起源があり、由来があるのか、レッジョ・エミリアではすべての学校がそれぞれ異なる物語をもっています。それは、各園の名前に表れています。たとえば、"Scuola comunale dell'infanzia XXV Aprile"（市立幼児学校 4 月 25 日）

は、ファシストの支配から解放された後（第2次世界大戦
後）、レッジョ・エミリア市民によってつくられた幼児学校
で、市民の協同組合によって運営されていました。園の名前
の「4月25日」とは、ナチスとファシストから解放された
日のことで、イタリアの解放記念日です。未来を願う市民の
強い意志がそのまま園の名前になっています。また、"Nido
l'infanzia comunale Alice"（市立保育所 アリス）は『不思議
の国のアリス』から名付けられました。子どもたちが大好き
な不思議な世界で、毎日さまざまな発見をして冒険するかの
ように過ごしてほしい……名前にはそれぞれの園が大切にし
ている考えや願いが込められています。それは、そこで働く
先生やアトリエリスタの誇りになっています。もちろん、そ
こに通う子どもたち、家族、地域にとっても。

私がアトリエをつくることを考える
とき、ゼロから手がかりなしでイメー
ジすることはできませんでした。アト
リエは子どもの学びを育む場なので、
自ずと園のアイデンティティに思いを
馳せます。その園の歴史、園が大切に
していること、どのような子どもたち
がどのような学びを積み重ねてきたの
か。また、たくさんの驚きと喜びをもっ
て子どもたちに冒険し続けてほしいと
いう願い。それから子どもたちの学び
を五感で感じ取ることができるような
アトリエになってほしいと思ってつく
ります。

　子どもたちがアトリエで過ごしたと
きの思いやさまざまな発見、友達との
学びのプロセスを園の学びの地層とし
て溜めてほしいと思います。その驚き
や興奮、不思議の地層が園の文化とし
て育っていくはずです。

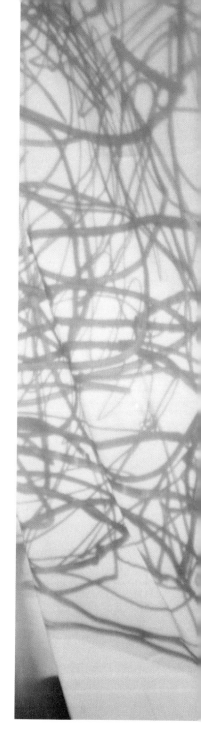

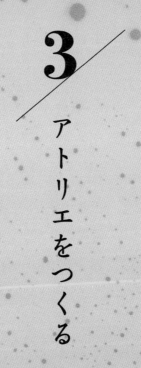

3 / アトリエをつくる

日本で活動をするのに、場を提供してくれたのは、
神戸にある「幼保連携型認定こども園 多夢の森」でした。
まず最初に始めたのは、倉庫の大掃除でした。
そして子どもたちは、対話しながら倉庫の中を探検します。
奥のほうに、謎の世界に行く階段を見つけました。

「多夢の森」の倉庫から

　この章では、実際に私が日本でどのようなアトリエづくりをした
かを説明します。

　アトリエづくりの場を提供してくれたのは、神戸市にある「幼保
連携型認定こども園 多夢の森」でした。

　まず何よりも先に私が行ったのは、園を観察することでした。前
章でも述べたようにアトリエにはアイデンティティが必要です。す
べての園にはそれぞれのアイデンティティがあり、それを土台とし
てアトリエづくりを行います。今まで園で過ごしてきた子どもたち
の驚きや発見、子どもたち同士の対話、それぞれの園で積み重ね
られてきた子どもたちと先生の学びのプロセスを、まず知るために
じっくり園を観察しました。

　次に実際にアトリエとして用意された倉庫の大掃除をしました。

もともとの地形を活かして整備された
雑木林。

雑木林に面したテラス。

そして片付いた空間と、残した物に触れて子どもたちにここで何をしたいのか、どんなことに興味をもったのかを聞いてみます。子どもたちの気持ちと空間のあり方が一致したところで、アトリエははじめて機能します。

　多夢の森には、斜面に広がる雑木林（子どもたちからは「ゾウキバヤシ」と呼ばれている）と見晴らしの良いテラスや園庭があります。子どもたちの好奇心をくすぐる環境がすでに美しく整っているように感じました。子どもたちはプロジェクトにも取り組んでいて、その様子は各教室に掲示されているドキュメンテーションから深く知ることができます。園にいるだけで子どもたちの心の動きを感じることができます。

園舎はヨーロッパの街並みを思わせるデザインで、レンガがあちこちに使われている。

アトリエとなる場所は、もともと倉庫として使われていた場所です。子どもたちにとってはあまり親しみのない場所だということでした。

箱階段や大きめの机、鏡などがありました。まだ使える道具や素材もありましたが、一度、真っさらな状態に戻して、一からアトリエを整えていくことが良さそうだと思いました。

子どもたちと先生のさまざまな活動の痕跡が残っています。これらをヒントに、多夢のアイデンティティを探りたいと思いました。

この倉庫の大掃除を始めました。多夢だけではなく、近隣の姉妹園からも多くの応援が集まりました。要るものと要らないものを分け、要らない家具は解体したり、必要な園へ運ぶ手筈を整えたりと、各々が積極的に動きます。息の合った連携に驚きます。

素材や道具を整理し、壊れているものを片付けると、真っ白な空間に近づいていきます。

倉庫の2階もきれいになりました。現れた空白に心がワクワクします。

倉庫の
大掃除

子どもたちのアトリエ探索

この場所は子どもたちにとって、どのような場所なんだろう？

多夢の森の子どもたちと一緒にこの場所を探索して、子どもたちの興味を探りたいと思います。なぜなら、アトリエを使うのは子どもたちだからです。子どもたちがどのような物や事に関心があるのか、そして、私たち大人はどんな環境を提案してあげられるのか……まずは、主人公となる子どもたちをよく知りたいと思います。

「そと？」

── 「ここはなんの部屋だろう？」

「なにもない」　　　　「おうちかな」　　　「おはなはどこ？」

「せんせいのおへや！」　　　　　　　　　　「くらい」

　　　　　「おへやもどりたい」　　　　　「ものおきかもしれない」

子どもたちの
発見

子どもたちが最初に興味をもった
のは、中2階倉庫へとつながる入
り口です。子どもたちには「大き
な穴」に見えているようでした。
真っ暗で奥は見えない……だから
こそ、好奇心が掻き立てられてい
るようです。

「なんやろ？」

「でっかいあながある！」

「なんかあった」

「5さいさんはいけるから、
いってみたい！ 2さいさんはこわがるよ。
3さいさんはまだいけないな……」

「ここにいってみたい！」

「いきたい！」

「さっき、ここからなんかきこえた！」

子どもたちが収納ボックスの中から見つけたのは、まん丸のかたちをしたライトでした。電気がつくことをすぐに発見し、あかりを灯します。

「みつけた！
これなんだ？」

「ライトみつけたで。
1こある！　あ、2こあった！」

「まるいのみっけ！」

「あつそうだよ」

ライト、豆電球、ろうそくなど、子どもたちは「光」に興味をもっていました。
5歳の子どもたちは、「光」を使ってさまざまな立体構成を始めます。つく
りかけの机の上に光を並べ、さらに水の上に光を浮かべて幻想的な世界を見
せてくれました。部屋の電気を消すと、さらに胸が高鳴ります。
光と水の即興劇は、子どもたちの静かな協働によって生まれました。

──「ここでどんなことができたらうれしい？」

「えんぴつがあったらいい」

「なにかつくる」

「へびをつくる」

「さかなをつくる」

「クレヨンがない」　「またくる」

「もういっかいしたい」

「たむみたいにしたい！」

「のぼりたい！」

「のぼるのぼる」

「ほら、たかい」

72

「ここでかんさつとか　できるよ!」

「かがみがある!」

この部屋にはじめて入る子どもたちは「そと?」「せんせいのおへや!」「おへやにもどりたい」と、自分たちの居場所ではないと考えました。自分たちと関係がない場所という解釈をしたのだと思います。しかし、子どもたちにはたくさんの好奇心がありました。「またくる」「もういっかい」そして「たむ（多夢）みたいにしたい!」という言葉に希望を感じました。

3/03　育てるアトリエ

　環境づくりの手がかりは子どもたちのなかにあります。

　探索によって子どもたちが興味をもった「鏡」や「光」など、「観察」に活かすことができそうなものがありました。またどのように使うかわからないけれど、子どもたちにとって好奇心が掻き立てられるもの、子どもたちの発見の幅を広げてくれそうなものなどもありました。それらをアトリエの最初の環境設定として揃えることにしました。

　「知識は与えられるものではなく、自ら構築するもの」。レッジョ・エミリアの幼児学校で大切にされている、自ら能動的に知をつくる

ことをアトリエづくりでも大切にしたいと思っています。すべて
整った環境を子どもたちに与えるのではなく、子どもたちの興味関
心によって柔軟に変化するアトリエづくりをしてみたいと考えまし
た。ゆっくりと、多夢のアトリエになるように、子どもたちと先生
方と一緒にアトリエを育てていきます。私自身も、どのようなアト
リエになるかわからないドキドキと楽しみを感じました。

最初の環境設定として、机、椅子、「観察」のための道具、「描
く」ための画材や素材などを用意しました。虫メガネやライト、
鏡、さまざまな種類の紙やパステル、ペンも準備しました。

アトリエづくりのアイディアや、子どもたちとどのような活動ができたら良いのか、多夢の森の先生たちと話し合いを行いました。そして、「アトリエをする」プロセスを通して、ゆっくりと多夢のアトリエを整えていくことなどを共有しました。このような日々の振り返りは、アトリエの後に必ず行いました。

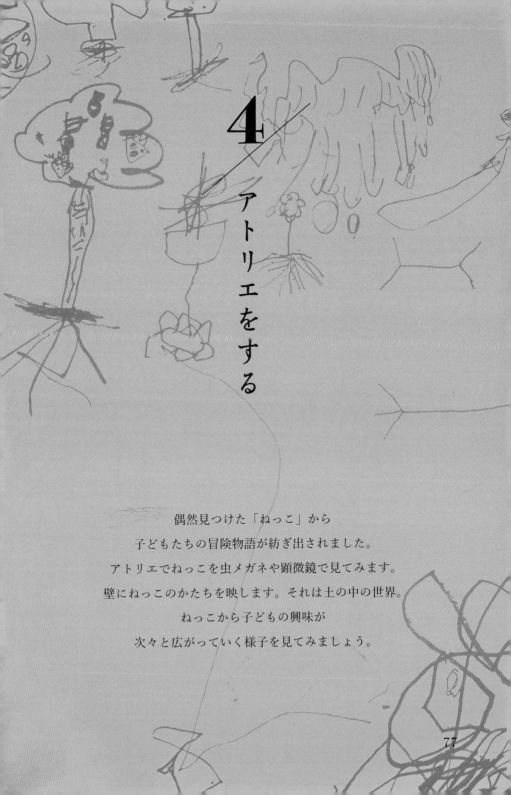

4 アトリエをする

偶然見つけた「ねっこ」から
子どもたちの冒険物語が紡ぎ出されました。
アトリエでねっこを虫メガネや顕微鏡で見てみます。
壁にねっこのかたちを映します。それは土の中の世界。
ねっこから子どもの興味が
次々と広がっていく様子を見てみましょう。

ねっことの出会い

　この章では、多夢の子どもたちが「アトリエをする」実践を紹介
したいと思います。

　第2章「アトリエをつくる前に」で「この冒険には、見つけなけ
ればいけない宝物は事前に用意されていません」と言いました。つ
まり冒険のゴールはないということです。どのような学びの過程を
子どもたちと辿るか、辿ったかは、活動の最中または活動が終わっ
て振り返ってみたときに鮮明になります。

　あらかじめ終わりを決めないで活動をすることには少し勇気がい
るかもしれません。

　想定した活動にならないかもしれない、完成作品ができないかも
しれない、子どもたちみんながそれぞれまったく別のことをしてし
まうかもしれないなど、たくさんの不安や心配が押し寄せてきます。

ねっことの
出会い

園庭で子どもたちが「ねっこ」を見つけました。

そのため、子どもたちが自分の思いや感情を表現する自由や、友達や先生と新しいアイディアを生み出す喜びを子どもたち自身が感じることよりも、大人が用意した活動を子どもたちに与えてしまいたくなることがあると思います。

　しかし、子どもたち自身の内から湧き出てくる問いや疑問に、子どもたち自身が答えを出していく機会の積み重ねこそが、子どもたちの自信や力になっていきます。子どもたちそれぞれが自分の人生の主人公として歩めるように成長を支える役割が大人にはあるはずです。

　かといって、子どもたちだけが主人公となるわけではありません。大人も子どもたちと同じように一緒に冒険に出かける仲間の一人です。一緒に驚き、発見し、心と体を動かすなかで、子どもたちとともに「アトリエをする」プロセスを楽しみましょう。

子どもたちそれぞれが自分の「ねっこ」を見つけ、大事そうに握っています。
私は「ねっこ」について思いをめぐらせました。「ねっこ」を通して、子どもたちとどんな学びができるだろう？　そもそも「ねっこ」ってなんだろう？　「ねっこ」について思いをめぐらせます。

園庭や"ゾウキバヤシ"で、春を見つけることに夢中な3歳から5歳までの子どもたち16名と、偶然見つけた「ねっこ」を手がかりに、学びの冒険へと出発しました。

「ねっこ」についての子どもたちの考えをゆっくり知ります。

―― 「ねっこはどこにあるんだろう？」

「ない！」

なかなか見つけることができない3歳の子どもに、5歳の子どもがシャベルを持ってきました。シャベルを持ってきた子どもが木や葉っぱの下を掘り始め、それを見ていた他の子どもたちも一緒に掘っていきます。

「ほるしかない！」

ねっこの所在をつき止めました。

根は栄養を植物に届ける大切な役割を果たし、「自分の根」というように自分の根幹や自分の大切なものを意味するたとえとして使い、「ルーツ」は自分が育った場所や辿ってきた道を指します。何よりもおもしろいのは、根は地面の下にあるので、普段は目に見えない存在だけれど、すべての植物に必ず根はあり、大切な役割をもっている。

植物について考えることは生命について考えることにつながります。そして、目に見えない世界を子どもたちと一緒に想像することができる特別な存在でもあります。

子どもたちは雨の日でも、カッパを着てねっこ探しに向かいます。

「ゾウキバヤシにある！」

「つちのしただよ」

「たくさんある！」

「これはねっこ？」

「アトリエでみる！」

81

「ねっこ」をよく知るために、アトリエに持っていきました。

ここでじっくり「ねっこ」を観察します。まずは自分の手で触って、目で見てみます。よく見るために、レンズや光、デジタル機器も使いました。

子どもたちは観察しながらたくさんの仮説を立て、「ねっこ」の本質を探っていきます。

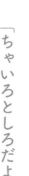

「ピンク、あかもある」

「ちゃいろとしろだよ」

——「ねっこはどんな色だろう？」

「つちにうまってたから。
　つちがついてるから、ちゃいろになってる！」

「ねっこ」の本当の色を知るために、子どもたちは水道に向かいました。
「水で土を取ってみる」ことは子どもたちの戦略です。どんどん試してみます。

「
い
ろ
が
と
れ
て
る
！
」

「あかいのあった！
きいろいのがあった！」

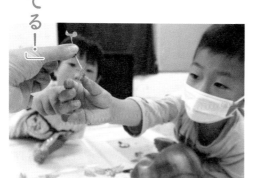

「……りむりかも。
けむりがでてくる。
いま、ここでたまって、
とまってる」

「
な
が
く
な
る
か
ら
！
」

──「どうしてねっこは土の中にあるの？」

　　　「みずをあげるとせいちょうする」

「みずがなかったらちぢんでいく。
　　　あげるとながくなる」

──「成長するってどういうこと？」

　　　「どうぶつも、あかちゃん、こども、
　　　おにいちゃん、みんなおとなになる。にんげんもやで」

マイクロスコープを使ってねっこを拡大してみると、
子どもたちの視点が大きく変わります。

「テレビじゃない？」

「ねっこのなか？」

「だんだんちかづいてる！」

「ねっこのき！」

「描く」ことによって、ねっこは何物かを考えています。描き始めるとみんな静かになりました。じっくりねっこと対話をしているのかもしれません。

「からだみたい。まるくなってるところ」

「めいろみたい」

「うちゅうじんみたい」

「てもある。あしもある」

4/02　ねっこの"かげ"

　子どもたちは「ねっこ」のかたちを描くことによって、さまざまなイメージを広げていきました。「けむり」「からだ」「まち」「みち」「うみ」や「き」も。

　また、土の中にいる「ねっこ」は水や虫と関係をつくりながら生きていると、子どもたちは考えます。この考えをじっくり深めていくために、新たな視点で「ねっこ」のかたちをよく見せてくれるOHP＊を用意して、アトリエを続けます。

「かげがある！」

ねっこの
"かげ"

「ねっこのかげ！」

　＊ OHP（オーバーヘッドプロジェクター）とは透明シートに描かれた画像や文字をスクリーンに投影するための光学機器で、根などの物体を箱の上に置くと、その像をシルエットで映すこともできる。

OHP のレンズの向きを変えると、ねっこが上に行ったり、下に行ったり……
床には光の屈折で虹が現れました。

「ここ」

ねっこが黒く映るのは「かげ」であると仮定した子どもたちは根っこを持って、スクリーンに近づきました。実は OHP から投影されるのは「像」なので「かげ」ではありません。
本当の「かげ」はどんなふうに見えるでしょうか。

「なかにはいってるみたい！」

「ねっこが
　バラバラに
　なってる！」

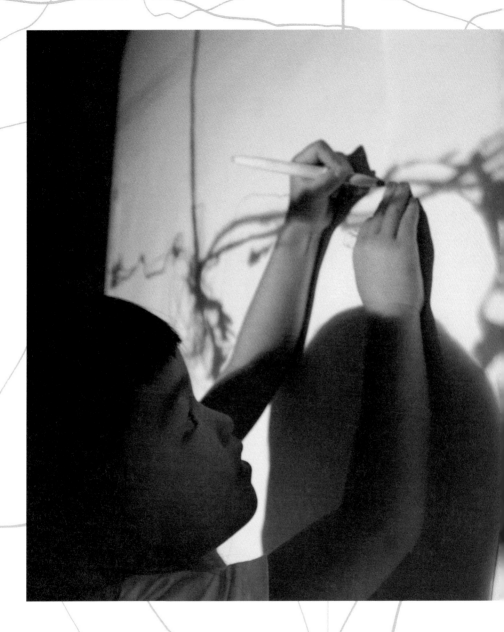

多夢の子どもたちは描くことが大好きです。
大きなねっこの輪郭をなぞるように描いていきます。

「描きたい！」と、画材や紙を自ら選んでねっこを描き始める子どもたちは、OHPによって現れた「ねっこのかげ」も迷わず描き始めました。OHPから映し出されるのはかげではなく像ですが、子どもたちの発見の言葉「ねっこのかげ」を大切にします。水平面の机の上ではなく、垂直の壁に映る「ねっこのかげ」。届かないところは椅子に上って、子どもたちが描く腕もねっこのようにぐんぐんと伸びていきます。

土の中の世界

アトリエを始めてひと月が経ち、日々、ねっことと向き合う子どもたちのなかに「ねっこ」を大切に思う気持ちが芽生えているようです。クラスで「ねっこ」を育て始めた子どもたちと「ねっこ」について対話をしました。

「あしのおおきさとおなじ！」

「ホネみたい」

「ねっこはつちのなかでふえていく。
つちのなかで
ダンゴムシがたべちゃった。
からまないように」

「いきているねっこはうごく。
いきていないねっこはうごかない」

土の中の世界

──「ねっこのどんなことを見つけた？」

「ねっこはほんとはゆっくりうごく。
　　だけどうごいてるところをみたことはないよ」

「ねっこはぜんぶちがう」

「もっとながくなりたいっていってる！
おみずをたくさんあげたら、
きっとまだおおきくなれるよ」

「つちのなかで
ねっこのかくれんぼをしてる」

「ねっこはたべられちゃう。
　　アリとかミミズとか。
　　　　ダンゴムシとか」

「ぼく、ねっこをぬいてしまった……」

「ねっこさん、がんばったね」

子どもたちは「ねっこ」を育て始めたことで、成長することや大きくなることにますます興味をもっているようでした。そこで、アトリエで「ねっこ」はどのように大きくなるか、描いてみることにしました。「ねっこ」と土や水、太陽、雨など、さまざまな関係性を語ってくれました。自分とねっこのつながりも、関係性のひとつです。

「ねっこからおおきくなる」

「はっぱからおおきくなって、さいていくよ！」

「つながってる。
ぜんぶつながってる、
じぶんのいえと。
こんなにたくさん！」

「あめがふってきた。ぽつんぽつん。
すくすくすくすくせいちょうしていくねん。
大きなくももつながってる」

「はっぱがぬれたらねっこがどんどんながくなる」

子どもたちの興味は「土の中」を想像
することに向かっていきました。

子どもたちが描いたねっこの絵

「いけなくヽも
ドキドキワクワクがつづくよ。
いけるんだよ。だいじょうぶ」

いつも少人数グループで順番にアトリエをして
いました。子どもたちの能力や性格、関係性な
どを考慮しながら、先生の視点から、毎日グル
ープを作っていました。どうしてもその日に行き
たくて泣いてしまった子
どもに、友達がかけた言
葉です。実は、先生方が
アトリエに行かない子ど
もたちに、アトリエのド
キドキワクワクはずっと
続いていることを話して
いたようです。

「つちをかきたい！」 「くろがいい！」

「あめのつちはくろ」

93

土の中の世界をもっと深く考えてみるために公園に行きました。
さまざまな種類の木やねっこを実際に見ながら、さらに想像を膨らませます。

「このきのねっこ、したにのびてる。
ずっとしたに……
したのくにとつながってる！
したのくににもきがあって、
このねっこがつながってる」

「はっぱがおちてるところのしたにねっこがつながってる」

「したはつながってるんだよ。
まるくて、うにょうにょ……」

「つながってる？　みえない」

「こことここはわかれてる」

「きのねっこはぬけない！」

「ならくのそこにつながってる」

「うちゅうにねっこがつながってる」

「てみたいなねっこ」

「ぐにゃぐにゃのヘビみたい」

「つちのそこでは、みずのパーティしている！」

「みずのんで、ごはんたべてる」

「みずであそんでる。どろけい。だーるま」

「つちのそこには、モグラがいて、ようちゅうも、
かいじゅうも、ミミズ、カナブン、
セミ、ぬけがら、カタツムリもいる……」

「よるにねっこがうごく。
　　みんながねてるとき……」

アトリエに戻って、それぞれの「土の中」の世界を描いていきます。

「ねっこがしたのくにに
　　　　いくところ」

「ねっこはよるうごく。だって、
みんなゆだんしてるから。
バレちゃう。だからよるうごく」

「みんなきづかない。
きがあるいてるのに」

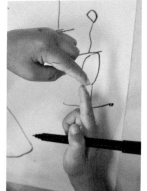

「したのくにから、こうやって……
　　　でも、すりぬけてちがうくににいく」

友達と一緒にねっこを描くと、ワクワクします。土の中でねっこは誰と出会うか想像しながら、友達のねっことつながります。ねっこの色やかたち、長さへの興味からだんだんとねっこが「大きくなること」「つながること」へ子どもたちの好奇心が高まっていきました。

「つながる！」

「つながった」

──「土の中にいるねっこは誰と出会う？」

「カエルはそとだよ」

「ねっことねっこ。
ちかくにいるからたのしくなる」

「おさかなさんとたのしくであう！」

「むしとであうと、ねっこにのぼるかもしれない」

「そしたら、へんなかたちになる……」

──「このねっこはどうしてつながっている？」

「せいちょうするため。ゾウキバヤシといっしょ！
いろんなところにあるよ。アリさんもいってた」

「おおきくなるため。５さいに！
もうすぐ、ねっこのたんじょうび！」

97

「いきてないねっこはぱさぱさしてる」

「こう、まっすぐうごく」

── 「生きているから動く？　動くから生きている？」

「いきてるねっこはうごく。ゆっくりうごく……
いきてないねっこはうごかない」

── 「石はどうだろう？　生きている？」

「いしはいきていない。
いしはみずのまないから」

「いしとねっこはさいているばしょがちがうよ」

「つちからねっこがでて、
ねっこのとなりにおはなさいてた」

「ねっこはつながってる。ぜんぶ。
おはなともつながってる」

「ステキだね」

そして、「生きていること」「生きていないこと」について、ねっこと花、土、石、水の関係性をひもとくように子どもたちは教えてくれます。子どもたちは有機物や無機物という名前を知らなくても、生物の本質を知っています。

絵の具を使って、「土の中の世界」を表現してみます。どんな色、どんな線でねっこの世界を語ってくれるでしょう。子どもたちそれぞれが自分のもっているイメージで、紙や筆、色を選びます。

「アトリエは
どんどんきれいに
なっていくんな」

夜、「ねっこ」が動くことを表現するために黒い紙を選ぶ子どもたち。最初は土の上を描き、さらに違う色の紙を下に足して、土の中の世界へと広げていきます。

「ねっこはあしなんや」

「よる、こっそりこっそり
　　　バレないように」

─────── ある日のドキュメンテーションから *

「雨が降って柔らかくなった地面の世界」

「夜の木」

「よるになって
ほしがでてきたらきはうかぶ。
みんなのところにいって
ちゃんとねてるかな？って、
たしかめにくるんやで！」

ある日の子ども同士の対話

「こうえんのきは
だれがみずやりしてるんだろう？」

「こうえんはおじさんが
みずやりしてるんやで！」

「だれもうまれていないときには
きはどうやって
せいちょうしたんだろう？」

「だれもいなかったときには
きはなかったとおもうで！」

「だれもいなかったときは
たねがあってもつちにかえっちゃう。
くさってぼろぼろになる。
だけどもまたうまれて
ツルツルのあかちゃんになる。
それをずっとくりかえしてる」

「ふといきには
ねっこがなくてあしがある。
ほそいきにはちゃーんと
ねっこがあるけどな」

「木は足で立っている」

「モウセンゴケの
　ねっこをかいてみたい。
　　みたことないけどね」

「モウセンゴケの根っこ」

「つちのなかにもきがあるとおもう。
つちのなかにはいしもある。
いしにぶつかっちゃってるから
もうのびられない…。
（カタツムリが）いしがオレンジだから
ニンジンだとおもってたべにきたけど、
かたくてたべられなくて…
あきらめてねっこをのぼっていくところ」

＊私がアトリエにいない日も子どもたちと先生はアトリエを続け、ねっこの考えをどんど
ん深めていました。多夢の先生がつくったドキュメンテーションのなかから、子どもたち
の描いたねっこの世界と言葉を紹介します。

4/04　つながってる

本物のねっことじっくり向き合いながら、自分のねっこを想像したり、土や水、虫や太陽などとの関係を考えてきた子どもたち。友達と一緒にねっこをつなげることや、友達や先生と対話しながら思考するおもしろさを感じているようです。

そこで、「つなげる」を子どもたちと一緒に研究してみました。平面のグラフィックから、立体への挑戦です。

体を友達とくっつけて、ねっこのつながりを表現します。

つながってる

「つなげる」ための素材を用意しました。太さや硬さの異なる針金や麻紐、毛糸、リボン、紙テープなど、「ぐにゃぐにゃ」「まるくて」「うにょうにょ」している線を集めてみました。

「ねっこみたい！」

子どもたちはさっそく、ねっこをつくり始めます。しかし、ときどき手を止めて考えます。

「まるいねっこをつくりたい」

線を丸くするには
どうしたら良いのだろう？
違う種類の線をつなげるには？？

103

「のりがない！」
「テープはどこ？」

日常にあるのりやテープがほしくなりますが、それらがなくても、子どもたちは「つなげる」ためのさまざまな方法を自分たちで見つけ出すことができます。

線を切るための道具として、ハサミやニッパーを用意しました。はじめて出会うペンチやニッパーは、先生と一緒にゆっくり試してみます。毛糸はニッパーではうまく切れませんでした。

子どもたちが見つけた「つなげる」方法

・くぐらせる

・曲げる

・むすぶ

・まく

ねっこや水滴、葉っぱや花など、いろいろなかたちをくりかえし試してみました。
何度も挑戦しながら、自分が満足いくかたちを自分の手で見つけます。

立体でも平面でも、子どもたちのねっこの世界は変わりません。

「あめがふッてきたところ。
あめがぽたぽた……」

ねっこはいろんなかたちがあって、ぐにゃぐにゃで、全部つながっています。雨が降ってきて、その上には雲もあります。そして、虹も現れました。

「あめがふったらにじ！
それとくも！」

105

「ただいま！」

元気よく「ただいま！」とアトリエに入っ
てきました。「ただいま」は自分の家に帰っ
てきたときに使います。自分の家、つまり、
自分の居場所。アトリエが子どもたちに
とって大切な場所になっていることを実
感しました。最初に自分たちの描いた「土
の中のねっこ」をじっくり見てみます。

── 「どうしたらつながるかな？」

ねっこをつなげるために……子どもたち
は「ひっかける」ことを編み出しました！

バランスが崩れて、つなげたねっこがドサっと床に落ちてしまいました。

気を取り直して、もう一度ひっかけます。
一人が輪っかをつくり始めました。

「がったい！」

３歳の子どもたちの「つなげる」
戦略は「がったい！」
ねっこのつながりを輪っかをひっ
かけることで繊細に表現します。

ねっこがどんどんつながり、複雑に伸びていきます。

「がったい！　ここもがったい！」

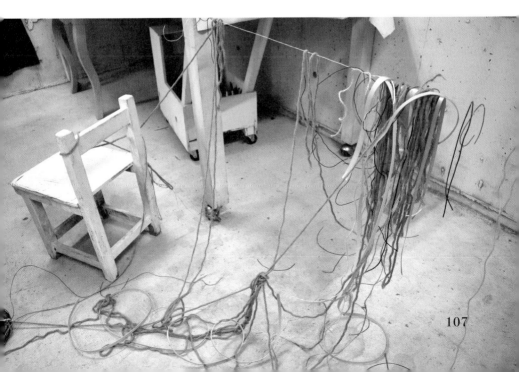

子どもたちは、いつも「絵」に戻ります。多夢の子どもたちにとって、絵で自分のイメージを語ることは日常のひとつのようです。

「これをつくる！」

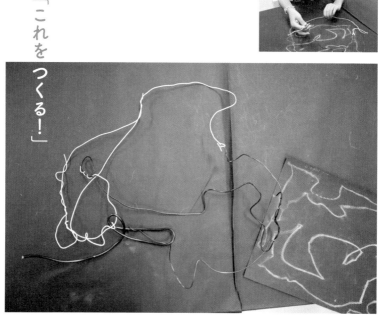

アトリエで友達が描いた「ねっこ」のかたちを針金でつくってみました。紙に描くときは、線をつなげたり、曲げたり、輪っかにすることは自由自在です。でも、実際の線は簡単につながりません。このつなぎ方に、子どもたちの個性が表れます。

「ねっこ」のイメージを紙に描いてから、実際の線で形づくる子どもたち。子どもたちそれぞれが自分のペースで表現に向き合います。

アトリエで、子どもたちは大人の指示を待ったりなんかはしません。かといって、自分のやりたいことだけをやるなんてこともありません。

子どもたちはアトリエで何をするのかわかっています。今日はどんなことに挑戦しようか、どんな発見ができるのか、どんな素敵なことに出会えるのか……知っています。

自分と友達のアイディアを交換し合いながら新しい考えを体験しながら構築していくことに知的好奇心が高まっていることを感じました。

「ふわふわのねっこ」

ねっこはどんどんどんどん伸びていきます。前日のねっこが今日の子どもたちによって少しずつ成長していきます。

次の日も、ねっこをつなげるために子どもたちがアトリエにやってきました。

「たいようもある！」

「ねっこのなかにはいりたい！」

「つちのなかを
　　あるいているみたい」　　　「ねっこはこうやってあるいてる」

「ねっこにはみえないけどめがついていて、
　　ぐんぐんぐんぐんってなって、ジャンプジャンプする！」

110

アトリエを土の中に転換させ、ねっこの歩き
方の研究をする子どもたち。まるで、劇場で
舞台を見ているようでした。背景画、舞台美
術、照明も子どもたち自ら考え、その中でねっ
このように歩く子どもたちが主人公です。

居場所

アトリエを始めて 5 か月が経ちました。

クラスで育てていた「ねっこ」の元気がないことに子どもたちが気がつきます。なぜ、元気がなくなってしまったのでしょう？

最後に、子どもたちと一緒に「ねっこ」の居場所を考えました。

クラスで育てているねっこの様子を心配した子どもたちは、
アトリエのねっこについても考えます。

「ねっこ、つかれてる？」

「たいようがいる？」

「そとじゃないと……」

「ねっこ、げんきがない？」

「つちがいる！」

「いろがかわっている」

「ねっこ」の元気がないのは場所が原因なのではないかと考えた子どもたち。
「ねっこ」はどこにいると元気になるのでしょう？

子どもたちの考えたねっこの居場所は、「静かなところ」「おうち」「みんなのところ」でした。それは、子どもたちにとっても居心地の良い場所かもしれません。安心して落ち着ける場所を探してみます。

── 「ねっこはどこにいるとうれしい？」

「しずかなところにいたい。
おくのへや、だってしずかだから。
くらいところは？」

「ねっこはアトリエの
おうちにいる。
おうちがいいから」

一番最初に子どもたちは園庭でねっこを見つけました。
そこで、ねっこを見つけた場所に戻してあげようと考えました。
土の中で水のパーティをしているところを想像しながら……。

「ねっこはみずの
パーティしてる」

「ねっこはつちのところ。
みずもあげたい」

「ここはなんの部屋だろう？」から始まった「アトリエをつくる・アトリエをする」プロジェクトは、ねっこの世界を旅しながら、居場所を考えることに辿り着きました。

「ねっこはアトリエのおうちにいる。おうちがいいから」
「しずかなところにいたい」
「ねっこはつちのところ」

　安心できる場、静かで集中できる場、仲間や家族といられる場、そして、自分を成長させてくれる場を「ねっこ」にとっての居心地の良い場所と子どもたちは考えました。

　子どもたちはアトリエで小さな「ねっこ」にたくさんの時間を傾けました。自分で見つけたねっこと時間を共にするなかで、ねっこへの考えや思いが少しずつ膨らんでいったように思います。それは、観察する対象としてだけではなく、大切な家族のような、身近な友達のような、まるで自分の分身のような、温かで優しい存在へと少しずつ変わっていきました。

居場所

ねっこは本物です。子どもたちは土を掘り、ねっこに触れ、水に浸し、そして、拡大されたねっこに体ごと入りながら、ねっこを五感で感じました。土の中は子どもたちのイマジネーションの世界です。

　ねっこは夜になると動いているのかもしれません。木はバレないように歩き、ねっことねっこは土の中で出会って楽しい気持ちになり、太陽ともつながっているかもしれません。

　子どもたちは予測しながら試し、上手くいかなかったことから新たな気づきを見つけ、友達と考えを共有しながら表現を続けました。子どもたちは本物の世界と想像の世界のどちらも知っています。そのふたつの世界をいつでも行き来しながら、ねっこを取り巻く世界をアトリエいっぱいに創造しました。

　子どもがアトリエにはじめて入ったときに「おへやにもどりたい」と言った場所は、ねっこを知るプロセスを経て自分とのつながりが徐々に生まれ、「ただいま」と帰ってくる場所になりました。子どもたち自身がアトリエを好奇心溢れる場所へと変質させていったのです。

おわりに

　アトリエでのねっこの活動は一旦終わりました。しかし、子どもたちのねっこへの思い、ねっこの不思議はずっと続いています。

　アトリエでの活動後、公園で描く園外活動で子どもたちはテーマとしていた葉っぱからイメージを広げて、ねっこの世界を丁寧に緻密に描きました（写真）。また、近所の児童館から大根をお裾分けしてもらったとき、子どもたちが最初に注目したのはヒゲ根（子どもたちの知っているねっこのかたち）でした。

　子どもたちの好奇心は尽きません。子どもたちはいつでもどこでも、新たな問いを見つけるのが得意です。決められた時間や場所で終わるのではなく、子どもたちの日常のなかでずっと続いていきます。教科書や図鑑にはまだ載っていない本当のことがこの世の中にきっとたくさんあります。その本当の世界は、子どもたちが発見してくれるのをずっと待っているかのようです。

　子どもたちの学びをどのように深め、高めていくのか。それは、子どもたちが世界を知る方法を私たちが学ぶことです。子どもたちの言葉に耳を開くことが大切です。耳に聞こえない言葉、心の動きもじっくりと体全身で受け止めてほしいです。そして、子どもたちと先生の幸せな出会いを重ねてほしいと思います。

　世界はまだたくさんの未知に溢れています。
　この世界に生まれて間もない子どもたちだからこそ、生命の本質の近

116

くで生きているのだと思います。

　「幼保連携型認定こども園 多夢の森（社会福祉法人みかり会＊）」には、アトリエの実践でお世話になりました。今回のプロジェクトが可能になったのは、ドキュメンテーションをつくって、子どもたちのさまざまな発見を私に知らせてくださった先生方のきめ細やかで強い意志があったおかげです。忙しい日々のなかに、「アトリエ」という課題が加わったにもかかわらず、いつも熱心に明るく楽しく取り組んでくれた先生方に、心よりお礼を申し上げます。

＊「社会福祉法人みかり会」は1952年に兵庫県南あわじ市で創業し、兵庫県内でこども園や保育園等、21の教育・保育施設を運営されています。
「多夢の森」(神戸市垂水区・園長 谷村誠(理事長兼務)／主幹保育教諭 永井安希子)では「アットホームな『昼間の家庭』で総合的な人間力を培う」を保育理念に、自然豊かな雑木林と起伏のある園庭で子どもたちの保育を行っています。特にレッジョ・エミリアの教育やその考え方を、園の日常に取り入れたいと、職員が現地を訪問し学びを深めてきました。0歳児から2歳児35名、3歳児以上70名。合計105名(2022年度)。
　自然のみならず、人との関わりも多様であるべきという考えから、同じ敷地内にデイサービスセンターや就労支援事業所が設置された「幼・老・障」の複合型の施設でもあります。
https://www.mikarikai.jp/

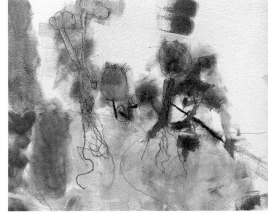

アトリエづくりの Q & A

Q アトリエには
どんな素材や道具があると良いの？

A まずは、バリエーション豊かな紙や画材、布、自然素材、デジタル機器があると良いと思います。紙はどのような活動にも使えます。描いたり、ちぎったり、折ったり、貼ったり、丸めたり……グラフィックや立体制作など、あらゆる活動で使えます。また、紙の文化が根づいている日本では多様な紙が手に入るので、ぜひ、子どもたちに手づくりの和紙の柔らかさなどさまざまな質感を提供してほしいと思います。

描くものもバリエーションがあるとうれしいです。クレヨンや色鉛筆、水性ペン以外に、パステルや油性ペン、さまざまな太さの筆

や絵の具、インクがあるとより豊かになります。さまざまな種類の紙と画材があれば、その数だけ異なる線が生まれます。子どもたちが自分で素材を選び、豊かな関係性のなかから、自分の表現を生み出すことができると良いですね。

しかし忘れないでほしいのは、アトリエは子どもたちの活動場所だということです。そのためにどのように環境を整えるかを考えることが一番大切なことです。素材や道具を収納するだけの倉庫になってしまうのはもったいないです。また美術館や博物館と違って、子どもたちが実際に触れて試すことができるのがアトリエの良いところです。毎日、環境が変わっても良いので、子どもたちに提案したい素材や道具を追加しながらアトリエを整えていってほしいです。

Q 素材はどうやって集めるの？

A 私はどこへ行っても、何を見ても「これはアトリエで使えそう！」と、好奇心のアンテナを張って過ごしています。スーパーへ行っても、道を歩いていても、お菓子を食べていても、触り心地がユニークな素材や、かたちや色が美しい葉っぱ、枝などに出会うと、子どもたちとどのようなことができそうか、つい考えてしまいます。贈り物を開けるときは必ずと言っていいほど、包装紙や梱包材をとっておきます。おそらく、この本を手に取ってくださった方々もそのような習慣があるのではないでしょうか。

しかし、身のまわりから素材を集めるには限界があります。専門店でバリエーション豊かな素材を前に、自分の目で見たり、手で触ったりしながら厚みや感触を確かめて購入することが多いです。インターネットでは簡単に素材を手に入れることができますが、自分の五感を通してじっくり素材を知ると、子どもたちに提案したいという気持ちが湧いてくるものです。逆に、自分が触ったことのないものはなかなか子どもたちに提案しにくいかもしれません。好奇心をもって、いろいろな素材にチャレンジしてほしいです。

レッジョ・エミリアには素敵な場所があります。Remida（レミダ）という名前のクリエイティブ・リサイクル・センターです。地域の工場や企業などで使わなくなった素材（新品の廃材や余材）を教育現場に活かす取り組みで、レッジョ・エミリアの幼稚園や保育所、教育施設では無料でそれらの素材を使うことができます。数メートルのロール紙や手のひらサイズの小さな紙箱、色とりどりの布や紐など、製品としては不必要となってしまった素材の価値を、アイディアによって高めるという視点もあります。

Q 美しい環境はどのようにつくるの？

A　アトリエや園全体の環境づくりにおいて、「美しさ」をとても大切にしています。第2章で美しい環境のためには、豊かな関係性を見つけられようにすることが重要と書きました。メタファーとしての子どもたちの知という抽象的な表現をしましたが、それは、美しさは固定化されず、言葉だけで断定できない概念のひとつだからです（57ページ参照）。レッジョ・エミリアの乳幼児教

育では「認識学と美学は同じである」と言います。美しい環境を整えること、それは、子どもが知を構築する環境につながります。

　しかし、実際に美しい環境をつくろうと考えたとき、どこに何を置けば良いのか迷ったり、本当にこれで良いのだろうかと不安になったりすることがあると思います。「美しさ」は美しいと感じる捉え方なので、人それぞれ感じ方が異なります。ある人には居心地の良さかもしれません。また、ある人には刺激的に感じることであるかもしれません。

　美しい環境を考えるとき、子どもたちや園の先生方とたくさん意見交換をしてほしいと思います。自分にとっての美しさと相手にとっての美しさについて知ることは学びの環境を考えるための大切な一歩になるはずです。さまざまな意見や考えが出てくると思います。互いを知ること、意見の違いを知ることから始めてみてください。

120

Q アトリエをするとき、
子どもたちは自由に活動するの？

A 　子どもと大人が同じ目線で一緒に活動するためには、お互いの意見を交換し合って納得のうえで前に進んだり寄り道したりすることが大切です。子どもが好きなことを好きにするのではなく、また大人が活動の目的に沿って子どもたちを誘導するのとも違います。

　子どもたちは活動の主人公です。しかし、子どもたちのさまざまな考えや表現、能力を十分に発揮できるようにサポートするためには、子どもたちの主体性だけでなく、大人の主体性も必要になります。

　私はアトリエをするとき、子どもたちに積極的に問いかけを行ったり、さまざまな素材や道具を提案することを心がけています。子どもたちの好奇心や疑問、そのときに何に向き合っているかを受け止め、それを深めるための問いかけや提案です。なかなか事前に予測した通りにならないかもしれません。むしろ、予測した通りになることのほうが珍しいと思います。予定していた時間に終わらな

かったり、用意していた素材に子どもたちの関心が向かないこともあると思います。でも、焦らないでほしいです。子どもたち一人ひとりの学びのスピードに合わせて、じっくりと向き合う時間を確保してあげてほしいのです。

　科学技術の発展によって、猛スピードで情報が駆け巡る現代に生きる子どもた

ちは、毎日、無意識のうちに莫大な量のインプットに追われる日々を過ごしているように感じます。ひとつの発見に全身を使って、時間を忘れるくらい向き合う学びの時間をつくってほしいと思います。

Q ドキュメンテーションはどうやってつくるの？

A ドキュメンテーションは子どもたちの成長の軌跡です。また、子どもたち一人ひとりをよく知るための道具にもなります。さまざまな思考や試行を記録し、振り返ることで、子どもたちの学びをより良く支えることにつながります。また、子どもたち自身や園の先生方、地域、世界と子どもたちの学びを共有することもできます。

　その手法はさまざまで、活動によって記録媒体や記録の仕方を選ぶことが大切です。私はカメラやビデオ、メモ、録音機などによって記録することが多いです。メモには、子どもたち一人ひとりの言葉や考え、子どもたち同士の関係、表現のプロセス、自分が感じたことなどを走り書きしています。

　たとえば、今回、映像を制作したルディは次のような視点をもってドキュメンテーションを作成しました。

　「特に、子どもたちの最初の行動に注目して映像を作成しました。子どもたちはいろいろな素材のなかから一枚の紙やある色のペンを選びます。そこに、すでに子どもたちのアイディアやアイデンティティが含まれています。活動を重ねるに従って、子どもたちの表現がより繊細に、より具体的に明確になっていく過程を捉えたいと思いました」。

　ドキュメンテーションは環境設定や活動のねらい・プロセスを

振り返るための大切な資料にもなります。自分一人で解釈するだけではなく、多くの人の視点を取り入れながら意見交換を行う時間をもつことができると、多面的な子どもの姿が浮かび上がってきます。

子どもの表現は、
命の原点からの営み

談｜汐見稔幸
（東京大学名誉教授）

「外の世界と内の世界が出会うとき」

　小さな子どもたちがいろんなことをしているというのは、ひと言でくくると「生きる」ということだと思うんです。で、生きるっていうのは生命活動なんですけども、子どもがいただいたその「命」というものを一生懸命につなぎながら、その命が安心するためにはどうしたらいいのか、命が喜ぶためにはどうしたらいいのかってことを必死になって模索して、いろんな活動をするんだと思うんです。ですから子どもたちは、まず自分の命をどのように輝かせていくかということに、必死になっている存在だと思っています。

　その命の活動は子どもたちが産み落とされた世界と出会いながら行われていくわけです。同時に子どもたちの体の中では内臓器官がどんどん成長し、共生バクテリアがどんどん増えていくというかたちで、体の内側の世界とも出会いながら活動していくわけです。で、外の世界と、内の世界と出会うと

きに、「あれ、これなんだろう」とか「これ、食べられるのか」とか「あれ、おもしろそうだ」とか「あそこ、怖そうだ」とか、命が張っているアンテナがビビビビと信号を送るわけですよね。それが「感性」と言われているものだと思うんです。理屈や知識をまだもっていない子どもは、自分の体で出会う世界に感性で向き合います。そしてその子どもたちの命が感じている世界を、外にかたちにして表していくというのが広い意味での「表現」だと思っているわけです。

　芸術的な表現に比べて、はるかに多様で、たとえば足の親指と人差し指の間がぐっと開くのもひとつの表現だと思います。あるいはハッと驚いたときには、胃がものすごく収縮しているっていうことがわかってきているんですが、これも表現しているわけです。なぜ収縮するかっていうと、胃液を濃くして、「外部から変な敵が入ってきた、ここでやっつけよう」としているらしいんですよね。

　ですから外に出てくる表現と内側で行われている表現のふたつがあり、とにかく外の世界に出たとき、おもしろいと思ったときにはそれに対応するようなかたちが表れてくるし、怖いと思ったらそれに対応するようなかたちが表れてくる。それほど子どもの表現というのは、多様で無数にあると言っていいと思うんです。

　ジャンニ・ロダーリという児童文学者がレッジョで講演したときに、子どもたちには100の言葉があるんだって言いました。それは人間には、命のレベルまで下りていくと、その命が驚いたり、心配したりする、そういうことをかたちにする方法が無限にあるっていうことだったと思います。一般には伝達・理解されやすい言語表現だとか、身体表現だとか音楽表現だとか、絵画表現だけが表現だって思われてきたんです。が、人間の表現っていうのは、そんなところにとどまるものではないっていうことをロダーリは言い、ローリス・マラグッツィがそれを受けて「子どもたちには100の言葉がある」ということを保育哲学にしていくことになったんです。

　僕自身も子どもたちの一挙手一投足というのは、すべてその子の命がその周りの世界、あるいは内側の世界とさまざまに出会うことによって生まれてくる感性が、かたちになったものだと思っています。そしてそれを私たちが、

124

あの子らしいおもしろい表現だって、受け止めるかどうかによって、その子を人間としてどこまで深く、私たちが認めているかが決まってくると思っています。子どもがつまらなそうに見えているときにも、そのつまらなそうにしているっていう、その子の表現の意味を、私たちが深く受け止めたり考えたりするところから、保育っていうのは始まるんだと僕は思うんですね。

「言葉には限界がある」

　私たちはコミュニケーションを言葉でやっているわけですよね。ただ言葉による表現っていうのには、大きな限界があるっていうことを、自覚しているかどうかっていうことがかなり重要だと思ってるんです。

　たとえば「白い犬」がいるって言ったときに、白い犬というのはもうすでに頭のなかでイメージされた犬です。チワワだったりセントバーナードだったり、みんな頭のなかに違うイメージを浮かべるわけですが、細かに全部説明していると会話にならないから、結局「白い犬」って言っちゃうんです。そこで何が捕まえられてるかっていうと、実は具体物とは違う、頭のなかでつくった「その人の犬」でしかないわけですよね。しかもそれが今走ってきてハアハアしているのか、お腹を空かして何か食べたがってるのかとかみんな違うんだけど、そんなことは全部捨象されているわけですよね。

　だから、言葉による表現ってのはとても便利なんだけれども、それは人間の周りにある世界を正確に把握したり認識したりして伝えているものではないということ。それから人間の内面世界、感情ですね、感情なんてもう無限でずっと動いているもので、今日悲しかったのよって言っても、本当の感情を捕まえたことにはならないわけですよね。それはその子が認識したものの、ほんのある断面を示しているに過ぎない。**言葉に限界があるという自覚があるかどうか、それによって、子どもへの接し方が、ずいぶん変わってくるんだということは頭に置いておいたほうがいい、と僕は思っています。**

「子どもの時間感覚・空間感覚のおもしろさ」

　それから、3つ目はですね、人間が周りの世界を捉えるときに、時間と空間という形式を使うしかないんですね。僕は時間という座標軸と空間という

座標軸で、世界を認識しようとしているんだっていう言い方をします。

　ところがアインシュタインが、時間と空間っていうのは絶対的なものじゃないっていうことを証明しました。距離は相対的なもので、どこからそれを見ているかによって、ものが短くなったり長くなったりする。時間も同じだって考えたわけです。

　で、それに近い時間感覚だとか空間感覚をもっているのが、実は子どもだと思うわけです。時間っていうのは時計のようにカチカチカチカチ進んで、これで1年これで10年これで1000年というような、そんな決まった同じテンポで進んでいく、一直線に並んでいるものというイメージを、子どもはほとんどもっていません。5歳の子どもが赤ちゃんのときのことをまるでさっきあったことのように言っているときには、子どもの頭のなかではもう時間は消えてるんだと思うんですよね。

　空間でもですね、子どもの絵を見てみると、足が上で頭が横に描いてあったりとかね、とにかく自在にタテヨコが変幻するっていうのかな、そういうことを別におかしいと思わない。

　そういう意味で、子どもの時間感覚だとか空間感覚っていうのは、私たち大人が考えているような感覚とはまったく違う。簡単に時間を飛んでしまいます。もう1000年ぐらいがパッと1秒になってしまうし、空間もですね、本当に宇宙の果てまで簡単に行ってしまったりするぐらいの、そういう自在な空間、時間感覚です。

　それは、たぶん人間がずっと願望としてきたようなことではないのかなって僕は思っているわけです。子どもの感覚っていうのは、遺伝子の働きによって発動するわけですよね。遺伝子というのは、人間が経験して蓄えてきたような情報っていうものを、設計図のようなかたちでもってるわけだけれども、物事を認識するときに、人生の経験値がなかったら、遺伝子が蓄えた情報で処理するしかなくて、そこに出てくるのが子どもの認識の仕方だと思っているわけです。

　人間が何を求めて、ずっとこれまで生きてきたのかっていうことを、子どもは、非常に原型的に示してくれている存在だと言えるんじゃないかと思います。

「感性から生まれる新しい市民社会」

　で、今３つのことを言ったんですけども、保育において、レッジョ・エミリアが見つけたのは、僕が今言ったようなことに近いのだと思っているんです。子どもの一挙手一投足というのは、その子の命の表現なんだと考えるってことですよね。大人は世間のいろんな論理で複雑な色メガネでものを見ている。社会っていうものをつくった以上、いろんなルールが必要で、それからいろんな知識が必要で、その知識の枠とルールの枠のなかでしか行動はしづらくなっています。でもそんな現代人が、少し色メガネを外したときに、どういう世界が見えてくるのか。子どもがそれを示唆してくれている、それが保育のおもしろさで、そして人間の原点に戻るっていうことが保育では常に課されていることだと思うんですよね。

　で、ピカソは齢を経てどんどんピカソらしい絵になっていくんだけど、ピカソが最後にやりたかったのは、子どものように描きたいっていうことだったわけです。ピカソが大人の社会の目で見たもの感じたものを描くっていうことから、人間の命の原点に戻って感じているように描きたい、そんな模索をしていたのだと僕は思っています。だから保育が行わなければいけないことと、なんか似てるなって思っているわけです。

　で、そんな子どもたちも、徐々に世間に合わせていくわけですよね。それはそれで大事なことだと僕は思うんですが、子どもたちが素朴に感じたものを、「おもしろい感じ方するね」「おもしろい表現するね」って認めていくと、子どもたちが社会化されていくっていうか、世間に合わせていくようなことが始まったとしても、**自分なりの感じ方っていうものは捨てる必要はないんだって、それを否定する必要はないんだっていう感覚**が根っこに残っていく。そしてその子たちが市民となっていく。それまでの大人がつくったモデルを生きるだけではなくて、その子たちの感じたものを大事にした、新しい市民社会、そういうものを子どもたちがつくってくれるんじゃないかっていうふうに考えます。それを実践しているのが、レッジョの保育だと、僕は思っています。そしてそうした表現活動が自由に生まれる場が、アトリエであると定義していいのではないかと思います。

著者 **津田 純佳**（つだ あやか）**アトリエリスタ**

文化庁新進芸術家海外研修制度により、レッジョ・チルドレン（レッジョ・エミリア市／イタリア）にてアトリエリスタ研修、インクルーシブ教育研修を受け、約5年間、レッジョ・チルドレンのメンバーとしてローリス・マラグッツィ国際センター、市立幼児学校、市立保育所などで数々のアトリエ活動や教育プロジェクトを実施。
現在は日本を拠点として、子どもたちをはじめ、あらゆる人の学びの環境をより良くする活動を実践中（みりおらーれ）。日本文化や日本の伝統的な素材の美しさを通したアトリエ活動に取り組む。京都府幼児教育スペシャルアドバイザー（京都府）。渋谷プロジェクト（渋谷区・東京大学大学院教育学研究科附属発達保育実践政策学センター〈Cedep〉）によるレッジョ・インスパイアの探究活動の実践の他、世田谷区立教育総合センターや千代田区立幼稚園、私立幼稚園や保育園、認定こども園などでアトリエづくりやアトリエ実践、研修を行う。

みりおらーれ　https://migliorare.net

映像 **Rudy Orlandini**（ルディ・オーランディーニ）**映像クリエイター**

レッジョ・エミリア市で初の聴覚にハンディキャップをもつ人が経営するワインバー Ânma をオープンする。イタリア語や英語、イタリア手話、日本手話、国際手話などによって聴覚にハンディキャップをもつ人ともたない人をつなぐ活動を実践。

汐見稔幸（しおみとしゆき）**教育学者**

東京大学名誉教授。白梅学園大学名誉学長。全国保育士養成協議会会長。保育を広く人間の営みの学問と捉え、幅広い見識から21世紀型の教育・保育を構想している。

アートディレクション／小池佳代　　　　販売／窪 康男
担当編集／白石正明（小学館）　　　　　宣伝／内山雄太
編集／宮川 勉（みやべん企画）　　　　制作／浦城朋子、遠山礼子
校正／麦秋アートセンター

アトリエから子どもが見える
レッジョ・エミリアの乳幼児教育

2024年4月3日　初版第1刷発行

発行人　北川吉隆
発行所　株式会社 小学館
　　　　101-8001　東京都千代田区一ツ橋2-3-1
編集　03-3230-5683
販売　03-5281-3555
印刷所　TOPPAN株式会社
製本所　株式会社若林製本工場